国家骨干高职院校建设项目化教学规划教材

GUOJIA GUGAN GAOZHI YUANXIAO JIANSHE XIANGMUHUA JIAOXUE GUIHUA JIAOCAI

铁路
普通货物运输
学生工作页

主编 ○ 张晓玲 原方方

西南交通大学出版社
·成 都·

图书在版编目（ＣＩＰ）数据

铁路普通货物运输学生工作页 / 张晓玲，原方方主编. —成都：西南交通大学出版社，2017.9（2020.7 重印）

国家骨干高职院校建设项目化教学规划教材

ISBN 978-7-5643-5759-7

Ⅰ. ①铁… Ⅱ. ①张… ②原… Ⅲ. ①铁路运输 – 货物运输 – 高等职业教育 – 教材 Ⅳ. ①U294

中国版本图书馆 CIP 数据核字（2017）第 223435 号

国家骨干高职院校建设项目化教学规划教材

铁路普通货物运输学生工作页

主编	张晓玲　原方方
责任编辑	张华敏
特邀编辑	蒋雨杉　杨开春
封面设计	何东琳设计工作室
出版发行	西南交通大学出版社 （四川省成都市二环路北一段 111 号 西南交通大学创新大厦 21 楼）
邮政编码	610031
发行部电话	028-87600564
官网	http://www.xnjdcbs.com
印刷	成都勤德印务有限公司
成品尺寸	185 mm × 260 mm
印张	4.5
字数	109 千
版次	2017 年 9 月第 1 版
印次	2020 年 7 月第 2 次
定价	20.00 元
书号	ISBN 978-7-5643-5759-7

国家骨干高职院校建设
项目化教学规划教材编委会

主　任：苏东民（郑州铁路职业技术学院）
　　　　李学章（郑州铁路局）
副主任：董黎生（郑州铁路职业技术学院）
　　　　张　洲（郑州市轨道交通有限公司）
　　　　胡书强（郑州铁路局职工教育处）
委　员：宋文朝（郑州铁路局机务处）
　　　　石建伟（郑州铁路局车辆处）
　　　　马锡忠（郑州铁路局运输处）
　　　　王汉兵（郑州铁路局供电处）
　　　　杨泽举（郑州铁路局电务处）
　　　　李保成（郑州铁路局工务处）
　　　　马子彦（郑州市轨道交通有限公司）
　　　　张中央（郑州铁路职业技术学院）
　　　　华　平（郑州铁路职业技术学院）
　　　　张惠敏（郑州铁路职业技术学院）
　　　　伍　玟（郑州铁路职业技术学院）
　　　　徐广民（郑州铁路职业技术学院）
　　　　戴明宏（郑州铁路职业技术学院）
　　　　倪　居（郑州铁路职业技术学院）
　　　　胡殿宇（郑州铁路职业技术学院）
　　　　李福胜（郑州铁路职业技术学院）
　　　　冯　湘（郑州铁路职业技术学院）
　　　　陈享成（郑州铁路职业技术学院）
　　　　耿长清（郑州铁路职业技术学院）
　　　　张　勤（郑州铁路职业技术学院）

城市轨道交通运营管理专业项目化教材
——《铁路普通货物运输学生工作页》编委会

主　任：伍　玫（郑州铁路职业技术学院）

　　　　汪国利（郑州市轨道交通有限公司运营分公司）

　　　　陈爱国（郑州铁路局职教处）

副主任：张晓玲（郑州铁路职业技术学院）

　　　　刘　霆（郑州铁路局安全监察室）

委　员：卓卫红（郑州铁路局中牟车站）

　　　　李振武（郑州铁路局郑州东车站）

　　　　何少杰（郑州铁路局郑州车站）

　　　　孙明川（郑州铁路局郑州北车站）

　　　　贾国强（郑州铁路局新密车站）

　　　　刘　潸（郑州铁路局郑州东车站）

　　　　牛红霞（郑州铁路职业技术学院）

　　　　原方方（郑州铁路职业技术学院）

　　　　张　翠（郑州铁路职业技术学院）

　　　　周钰爽（郑州铁路职业技术学院）

　　　　李慧娟（郑州铁路职业技术学院）

　　　　李攀科（郑州铁路职业技术学院）

　　　　孙仕明（郑州铁路职业技术学院）

　　　　解　慧（郑州铁路职业技术学院）

　　　　马　芳（郑州铁路职业技术学院）

前　言

根据高等职业教育迅速发展的需要，为了落实国家高职高专骨干院校重点建设专业"铁道交通运营管理专业"的建设要求，我校组织企业专家和有经验的专业教师对铁路货物运输企业的新发展、行业人才需求规格进行了深入研究。

"铁路普通货物运输"是铁道交通运营管理专业的一门主干课程，本课程参考铁路货运系列职业技能标准、铁路货运系列职业技能鉴定规范，依据我院"铁道交通运营管理专业人才培养方案"设置。本书是"铁路普通货物运输"主干课程教材的配套实训用书，本书从铁路货物运输企业各岗位群任职要求出发，结合铁路货运服务人才需求以及铁路普通货物运输专业对应岗位群职业核心能力要求，根据铁路普通货物运输教材的教学内容，给出了与之配套的实践练习题目，以供相关专业的学生进行实践演练。

本书以散装货物、裸装货物、包装货物以及集装箱运输组织的内容为平台，内容划分为4个项目，共有10个任务，具体内容包括：

1. 散装货物运输组织，主要涉及货物运输的基本条件、货物作业过程认知、煤炭运输等基础知识；

2. 裸装货物运输组织，主要涉及货物装载加固的基本要求、加固材料的种类及使用方法、门到门运输的概念、货物运费的计算方法；

3. 包装货物运输组织，主要涉及包装货物的特点及包装、堆码要求，货车施封及篷布苫盖的要求，货物损失的定义及种类、处理方法，货运记录编制，货车篷布苫盖的技术要求，货运检查工作的要求及程序；

4. 集装箱货物运输组织，主要涉及集装箱的定义及技术参数、集装箱运输组织的要求及专用集装箱的相关要求。

本书可作为高职高专铁道交通运营管理专业的铁路普通货物运输课程的配套教材，也可作为成人高等院校、各类培训学校及轨道运输企业的职工培训的配套教材。

本书由张晓玲、原方方主编。其中，郑州铁路职业技术学院张晓玲编写项目三；郑州铁路职业技术学院原方方编写项目一、项目二、项目四。

在本书编写过程中，编者得到了郑州铁路局中牟车站、郑州铁路局安全监察室、郑州铁路局郑州东车站、郑州铁路局郑州北车站、郑州铁路局郑州车站、郑州铁路局新密车站等单位的货运专家及业务能手的大力支持和帮助，并为本书提出了许多宝贵意见，在此表示衷心感谢。

由于编者水平所限，书中难免有缺点和错误，恳请读者批评指正。

编　者
2017 年 8 月

目　录

项目一　散装货物运输组织

任务一　确定货物运输的基本条件

学生工作页（1-1）

班级：	学号：	姓名：	小组：

学习性工作任务	1.1　确定货物运输的基本条件	
实践性工作任务	运到期限的计算实训	参考学时：3

【知识技能要求】
1. 了解货运规章种类及货运基本条件。
2. 掌握货物运到期限的计算方法。
3. 能够按照岗位要求，培养"人民铁路为人民"的职业素质。
4. 根据所学知识，完成运到期限的计算训练。

资讯：任务准备阶段	【引导文】 1. 铁路货运工作的法规依据主要有哪些？ 2. 货物运输的种类有哪几种？

资讯：任务准备阶段	3. 一批的概念是什么？
	4. 货物保价运输与货物运输保险的区别是什么？
	5. 货物运到期限的概念及计算方法分别是什么？

6. 某站 6 月 12 日装运冻肉一批到 A 站（运价里程 1 151 km），货物运单托运人记事栏内记载允许运到期限为 10 日，6 月 17 日该车到达 A 站后，托运人要求变更到 B 站（A 站至 B 站运价里程 258 km），A 站能否受理？为什么？

7. 某托运人向车站托运一批零担货物，每件重 100 kg，计 270 件，规格相同，每件外形尺寸为：长 1 m×宽 0.7 m×高 0.6 m，请问能否按零担货物办理？

8. 判断下列 3 组货物是否可以按一批货物办理：① 苹果与童鞋；② 爆竹与饼干；③ 茶叶与咸鱼。为什么？

资 讯 ： 任 务 准 备 阶 段

计划与决策：任务实施方案制定阶段	查阅资料获取信息	1. 参考"铁路货运组织"精品课网站的相关内容。 2. 参考"中国铁路客户服务中心—货运电子商务"各铁路局（公司）平台（http://hyfw.95306.cn/Hywsyyt/home 相关内容）。 3. 参考学习《铁路普通货物运输》（冯双，谢淑润. 中国铁道出版社，2012 年 8 月）的相关内容。
	教师指导任务要点	1. 通过引导文学习本任务应掌握的知识要点。 2. 应明确岗位要求中对一批的划分、保价运输、运输保险等方面的要求。 3. 指导学生正确完成运到期限的计算。
	任务实施方案制定	

任务实施	时间：		地点：	
	实施要点：			
	实施过程记录另附。			

评价	根据个人工作页的完成质量，结合小组代表的成果展示，完成本次工作任务的检查与评价。 自评分数： 组内互评：

评价人	组员一	组员二	组员三	组员四	组员五	组员六	组员七	组员八	总评
得分									

小组互评：

组名	第一组	第二组	第三组	第四组	第五组	第六组	第七组
得分							
组名	第八组	第九组	第十组	第十一组	第十二组	第十三组	第十四组
得分							

个人总评：

任务二 认知货物运输的作业过程

学生工作页（1-2）

班级：		学号：	姓名：	小组：
学习性工作任务	1.2 认知货物运输的作业过程			
实践性工作任务	完成整车货物发送、途中、到达作业办理的实训		参考学时：4	

【知识技能要求】
1. 掌握整车货物发送、途中、到达作业程序及作业标准。
2. 掌握运单、货票的填写要求。

资讯：任务准备阶段	【引导文】 1. 货运营业网点的分类、配置及设备主要有哪些？ 2. 货物运输组织的流程及标准分别是什么？

资讯：任务准备阶段	3. 货物运单的填写应该注意哪些问题？ 4. 货票由哪几联组成，其作用分别是什么？ 5. 货物的运输过程和运到期限有关系吗？为什么？

6. 该车有何问题？应如何处理？

7. 甲站发往乙站、丙站整车分卸货物一车，途经乙站，托运人要求将原到站丙站的货物变更到丁站，铁路能否给予变更？为什么？

计划与决策：任务实施方案制定阶段	查阅资料获取信息	1. 参考"铁路货运组织"精品课网站的相关内容。 2. 参考"中国铁路客户服务中心—货运电子商务"各铁路局（公司）平台（http://hyfw.95306.cn/Hywsyyt/home 相关内容）。 3. 参考学习《铁路普通货物运输》（冯双，谢淑润. 中国铁道出版社，2012 年 8 月）的相关内容。
	教师指导任务要点	1. 通过引导文学习本任务应掌握的知识要点。 2. 明确运单填写及审查应注意的问题。 3. 明确货物运输组织过程中应注意的细节。 4. 明确货票填制的要求。
	任务实施方案制定	

任务实施	时间：　　　　　　　　　　地点：
	实施要点：
	实施过程记录另附。

评价

根据个人工作页的完成质量，结合小组代表的成果展示，完成本次工作任务的检查与评价。

自评分数：

组内互评：

评价人	组员一	组员二	组员三	组员四	组员五	组员六	组员七	组员八	总评
得分									

小组互评：

组名	第一组	第二组	第三组	第四组	第五组	第六组	第七组
得分							
组名	第八组	第九组	第十组	第十一组	第十二组	第十三组	第十四组
得分							

个人总评：

任务三　组织煤炭运输

学生工作页（1-3）

班级：	学号：	姓名：	小组：

学习性工作任务	1.3　组织煤炭运输	
实践性工作任务	完成固态散装货物划线装车的实训	参考学时：4

【知识技能要求】
1. 了解专用线运输协议要求。
2. 掌握货车容许载重量的确定方法。
3. 实施固态散装货物划线装车的实训练习。

资讯：任务准备阶段	【引导文】 1. 货车容许载重量的计算主要包含哪几部分的重量，如何确定？ 2. 固态散装货物划线装车的步骤是什么？

资讯：任务准备阶段	3. 专用线和专用铁路的概念分别是什么，两者有何区别和联系？ 4. 专用线运输管理和制度管理的要求分别是什么？ 5. 专用线可以完成哪些作业，分别有哪些要求？

资讯：任务准备阶段

6. 专用线共用的含义及要求分别是什么？

7. 某货检站使用进站视频监控设备检查敞车装运一列车煤，请问该车存在哪些问题，违反了哪些规定？

8. 根据下列图片分析存在的问题，应如何处理？

资讯：任务准备阶段

9. 指出下图中存在的问题，并提出处理办法。

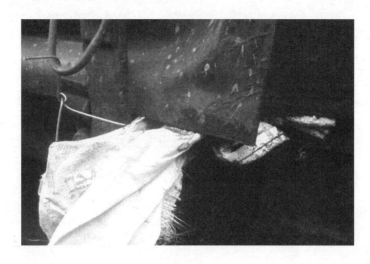

计划与决策：任务实施方案制定阶段	查阅资料获取信息	1. 参考"铁路货运组织"精品课网站的相关内容。 2. 参考"中国铁路客户服务中心—货运电子商务"各铁路局（公司）平台（http://hyfw.95306.cn/Hywsyyt/home 相关内容）。 3. 参考学习《铁路普通货物运输》（冯双，谢淑润. 中国铁道出版社，2012 年 8 月）的相关内容。
	教师指导任务要点	1. 通过引导文学习本任务应掌握的知识要点 2. 明确货车容许载重量在固态散装货物运输组织过程中的重要性。 3. 注意专用线与专用铁路的相关内容。 4. 正确引导学生进行固态散装货物划线装车的训练。
	任务实施方案制定	

任务实施	时间：		地点：
	实施要点：		
	实施过程记录另附。		

<table>
<tr><td rowspan="8">评价</td><td colspan="9">根据个人工作页的完成质量，结合小组代表的成果展示，完成本次工作任务的检查与评价。</td></tr>
<tr><td colspan="9">自评分数：</td></tr>
<tr><td colspan="9">组内互评：</td></tr>
</table>

组内互评：

评价人	组员一	组员二	组员三	组员四	组员五	组员六	组员七	组员八	总评
得分									

小组互评：

组名	第一组	第二组	第三组	第四组	第五组	第六组	第七组
得分							
组名	第八组	第九组	第十组	第十一组	第十二组	第十三组	第十四组
得分							

个人总评：

项目二　裸装货物运输组织

任务一　组织钢板运输

学生工作页（2-1）

班级：	学号：	姓名：	小组：

学习性工作任务	2.1　组织钢板运输	
实践性工作任务	完成办理钢板运输组织的实训	参考学时：2

【知识技能要求】
1. 了解裸装货物的特点及装载要求。
2. 掌握装载加固定型方案的种类、作用及内容。
3. 能够按岗位要求，培养团队合作的基本职业素质。
4. 根据所学知识，完成钢板运输组织的办理。

资讯：任务准备阶段	【引导文】 1. 货物装载加固的基本要求有哪些？钢板装载加固的要求是什么？

资 讯 ： 任 务 准 备 阶 段	2. 装载加固方案的种类有哪些？ 3. 装载加固定型方案中，货物的编号含义是什么？定型方案中应包含哪些内容？ 4. 装载加固方案的申报和批准程序是什么？

5. 什么是集重货物?

6. 裸装货物避免集重的方法有哪些?

资讯：任务准备阶段

7. 钢板的运输组织作业流程是什么?

计划与决策：任务实施方案制定阶段	查阅资料获取信息	1. 参考"铁路货运组织"精品课网站相关内容。 2. 参考"中国铁路客户服务中心—货运电子商务"各铁路局（公司）平台（http://hyfw.95306.cn/Hywsyyt/home 相关内容）。 3. 参考学习《铁路普通货物运输》（冯双，谢淑润. 中国铁道出版社，2012 年 8 月）的相关内容。
	教师指导任务要点	1. 通过引导文学习本任务应掌握的知识要点。 2. 应指导学生合理分工，各工种协作完成任务。 3. 指导学生正确完成钢板运输组织的办理。
	任务实施方案制定	

任务实施	时间：　　　　　　　　　　　　地点：
	实施要点：
	实施过程记录另附。

评价	根据个人工作页的完成质量，结合小组代表的成果展示，完成本次工作任务的检查与评价。 自评分数： 组内互评：

组内互评：

评价人	组员一	组员二	组员三	组员四	组员五	组员六	组员七	组员八	总评
得分									

小组互评：

组名	第一组	第二组	第三组	第四组	第五组	第六组	第七组
得分							
组名	第八组	第九组	第十组	第十一组	第十二组	第十三组	第十四组
得分							

个人总评：

任务二　组织原木运输

学生工作页（2-2）

班级：		学号：	姓名：	小组：
学习性工作任务	2.2	组织原木运输		
实践性工作任务	完成原木装载加固方案设计的实训		参考学时：3	

【知识技能要求】

1. 掌握加固材料的种类及使用方法。

2. 掌握原木的装载加固方法。

资讯：任务准备阶段	【引导文】 1. 装载加固材料的种类主要有哪些，使用方法及注意事项分别是什么？ 2. 原木的装载加固要求主要有哪些？

资讯：任务准备阶段	3. 原木装载加固定型方案的设计应注意哪些问题？ 4. 某货检站正在检查敞车装载木材，其装载加固情况如下，请按给出的条件判断是否符合装载加固条件？不符合规定时应如何处理？ (1) 该车装载木材高度 4 500 mm 处一侧宽度为 1 100 mm。 (2) 紧靠支柱的木材两端超出支柱中心线的长度为 150 mm。 (3) 装载木材端部不使用挡板时，靠车辆两端的起脊部分顶层，使用 8 号镀锌铁线 1 股对原木端部向支柱方向兜头拦护，镀锌铁线与端部接触处用 1 个 U 形钉钉固。

5. 下图为某次货检作业过程中拍到的照片，请问存在哪些问题？应如何处理？

6. 下图为某次货检作业过程中拍到的照片，请问存在哪些问题？应如何处理？

 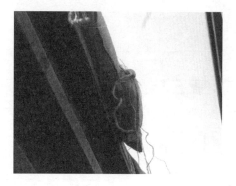

资
讯
：
任
务
准
备
阶
段

计划与决策：任务实施方案制定阶段	查阅资料获取信息	1. 参考"铁路货运组织"精品课网站相关内容。 2. 参考"中国铁路客户服务中心—货运电子商务"各铁路局（公司）平台（http://hyfw.95306.cn/Hywsyyt/home 相关内容）。 3. 参考学习《铁路普通货物运输》（冯双，谢淑润. 中国铁道出版社，2012 年 8 月）的相关内容。
	教师指导任务要点	1. 通过引导文学习本任务应掌握的知识要点。 2. 指导学生正确选择加固材料。 3. 明确原木装载加固的基本要求。
	任务实施方案制定	

任务实施	时间：　　　　　　　　　　　地点：
	实施要点：
	实施过程记录另附。

评价	根据个人工作页的完成质量，结合小组代表的成果展示，完成本次工作任务的检查与评价。 自评分数： 组内互评：

评价人	组员一	组员二	组员三	组员四	组员五	组员六	组员七	组员八	总评
得分									

小组互评：

组名	第一组	第二组	第三组	第四组	第五组	第六组	第七组
得分							
组名	第八组	第九组	第十组	第十一组	第十二组	第十三组	第十四组
得分							

个人总评：

任务三　组织卷钢运输

学生工作页（2-3）

班级：		学号：	姓名：	小组：
学习性工作任务	2.3　组织卷钢运输			
实践性工作任务	完成货物运输费用计算的实训		参考学时：2	

【知识技能要求】
1. 了解门到门运输的概念。
2. 掌握货物运输费用的计算方法和程序。
3. 熟悉卷钢货物的运输组织流程。
3. 实施运输费用计算的实训。

资讯：任务准备阶段	【引导文】 　1. 货物运价的定义及分类？ 　2. 货物运费计算的程序是什么？计算公式又是什么？

	3. 如何确定运价里程？
资讯：任务准备阶段	4. 如何确定运价号？
	5. 如何确定运价率？
	6. 如何确定计费重量？

资讯：任务准备阶段	7. 整车货物运费计算时，应注意的问题主要有哪些？ 8. 如何计算运输变更及运输阻碍运费？ 9. 货运其他费用，如特殊运价、杂费、电气化附加费、铁路建设基金、印花税的计算方法是什么？

| 资讯：任务准备阶段 | 10. 门到门运输一口价的含义是什么？

11. 门到门一口价的构成主要有哪些？

12. 实施一口价的范围是什么？

13. 卷钢的运输组织流程是什么？ |

资
讯
：
任
务
准
备
阶
段

14. 某站平车装载一车 5 件卷板货物，货运检查员发现该车现状如下图所示。请说出存在什么问题及违反了什么规定？

15. 这是某站平车装载卷钢的图片，试指出其违章之处及安全隐患。

资讯：任务准备阶段

计划与决策：任务实施方案制定阶段	查阅资料获取信息	1. 参考"铁路货运组织"精品课网站相关内容。 2. 参考"中国铁路客户服务中心—货运电子商务"各铁路局（公司）平台（http://hyfw.95306.cn/Hywsyyt/home 相关内容）。 3. 参考学习《铁路普通货物运输》（冯双，谢淑润. 中国铁道出版社，2012 年 8 月）的相关内容。
	教师指导任务要点	1. 通过引导文学习本任务应掌握的知识要点。 2. 明确运费计算的重要性。 3. 明确门到门运输一口价的相关内容。 4. 正确引导学生进行运费计算的训练。
	任务实施方案制定	

任务实施	时间：		地点：
	实施要点：		
	实施过程记录另附。		

	通过个人工作页的完成质量，结合小组代表成果展示，完成本次工作任务的检查与评价。

评价

自评分数：

组内互评：

评价人	组员一	组员二	组员三	组员四	组员五	组员六	组员七	组员八	总评
得分									

小组互评：

组名	第一组	第二组	第三组	第四组	第五组	第六组	第七组
得分							
组名	第八组	第九组	第十组	第十一组	第十二组	第十三组	第十四组
得分							

个人总评：

项目三　包装货物运输组织

任务一　组织箱装货物运输

学生工作页（3-1）

班级：	学号：	姓名：	小组：

学习性工作任务	3.1　组织箱装货物运输		
实践性工作任务	组织学生进行货运记录编制的实训	参考学时：3	

【知识技能要求】
1. 了解包装货物的特点及包装、堆码要求。
2. 掌握货车施封及篷布苫盖的要求。
3. 掌握货物损失的定义及种类。
4. 掌握货物损失的处理程序和方法。
5. 根据所学知识，完成货运记录编制的任务。

资讯：任务准备阶段	【引导文】 1. 包装的定义是什么？包装货物的特点是什么？ 2. 货物进行包装的主要作用是什么？

3. 对货物进行包装主要有哪些要求？

4. 包装的储运图示标志主要有哪些？分别代表什么含义？

5. 货车施封时应注意哪些问题？

6. 货物损失的定义是什么？种类及级别都有哪些？

7. 记录的种类主要有哪几种，分别是什么？

资讯：任务准备阶段

8. 普通记录的适用范围是什么？

9. 货运记录的适用范围是什么？

10. 货运记录的编制要求有哪些？

11. 普通记录的编制要求有哪些？

资讯：任务准备阶段

12. 货物损失报告的编制要求主要有哪些？

	13. 货物损失速报的编制要求有哪些？
资讯：任务准备阶段	14. 货物损失责任的划分原则是什么？ 15. 办理货物损失赔偿时，应注意哪些问题？

16. 哪些货物可以划分为无法交付货物？

17. 哪些货物可以划分为无标记货物？

资讯：任务准备阶段

18. 各单位应如何处理两无货物？

19. 对于货物损失，铁路内部应如何进行责任划分？

20. 这是一辆装载玉米的敞车，试指出其所违章之处。对此车应如何处理？

21. 请问下图存在什么问题？如何处理？

22. 某站货检作业时，发现敞车装载豆粕一车，苫盖 D 型篷布 1 张，一侧靠车辆端部距轨面 3 610 mm 处，绳网捆绑松弛，篷布掀起，货物外露 300 mm×300 mm，货物距车辆纵中心线 1 700 mm，请问该车存在哪些问题？如何处理？

计划与决策：任务实施方案制定阶段	查阅资料获取信息	1. 参考"铁路货运组织"精品课网站相关内容。 2. 参考"中国铁路客户服务中心—货运电子商务"各铁路局（公司）平台（http://hyfw.95306.cn/Hywsyyt/home 相关内容）。 3. 参考学习《铁路普通货物运输》（冯双，谢淑润. 中国铁道出版社，2012 年 8 月）的相关内容。
	教师指导任务要点	1. 通过引导文学习本任务应掌握的知识要点。 2. 指导学生对知识点进行合理的梳理。 3. 指导学生正确完成货运记录的编制。
	任务实施方案制定	

任务实施	时间：		地点：
	实施要点：		
	实施过程记录另附。		

评价	根据个人工作页的完成质量，结合小组代表的成果展示，完成本次工作任务的检查与评价。 自评分数： 组内互评：

评价人	组员一	组员二	组员三	组员四	组员五	组员六	组员七	组员八	总评
得分									

小组互评：

组名	第一组	第二组	第三组	第四组	第五组	第六组	第七组
得分							
组名	第八组	第九组	第十组	第十一组	第十二组	第十三组	第十四组
得分							

个人总评：

任务二　组织袋装货物运输

学生工作页（3-2）

班级：		学号：	姓名：	小组：
学习性工作任务	3.2	组织袋装货物运输		
实践性工作任务		完成对苫盖篷布货车进行货运检查的实训	参考学时：3	

【知识技能要求】
1. 了解货车装载加固方案。
2. 掌握货车篷布苫盖的技术要求。
3. 掌握货运检查工作的要求及程序。
4. 掌握货检工作的工具备品及设备设施。
5. 完成对苫盖篷布货车进行货运检查的实训。

资讯：任务准备阶段	【引导文】 1. 篷布苫盖的要求是什么？ 2. 篷布苫盖的标准是什么？

资讯：任务准备阶段	3. 篷布回送时应注意哪些问题？ 4. 袋装货物的装载加固流程？ 5. 对装载加固的货物状态进行拍照时应注意哪些问题？ 6. 货运检查的作业程序是什么？

资讯：任务准备阶段	7. 货运安全检测设备主要有哪些？作用分别是什么？
	8. 货物车辆检查内容主要有哪些？
	9. 不同车型车门关闭的标准是什么？

10. 货运检查的工具和备品主要有哪些?

11. 某货检站在接车时有一车苫盖篷布的车辆, 货检员检查篷布绳索捆绑加固状态的情况为:

(1) 苫盖的篷布靠手闸一端下垂 200 mm, 两端压绳斜拉在车侧卷扬机钩上。

(2) 车辆运行左侧篷布绳索捆绑在丁字铁上, 余尾长度 70 mm 并在距绳尾 60 mm 处使用一个绳卡进行加固。

(3) 角绳、端绳穿过提钩杆、手闸杆内侧, 打蝴蝶套结拴结在丁字铁上, 并打死结 3 个。

请问以上加固方法是否符合规定? 应如何处理?

12. 某站货运检查员检查 C64K4810437 时，发现该车装运袋装货物（货物规格 800 × 500 × 250 mm，件重 70 kg），装载超出车辆端侧墙 5 层，并在车辆端侧墙处加铺了上封式绳网（如下图），货检员甩车处理，为什么？

资讯：任务准备阶段

13. 请你指出照片中的违章之处。

14. 下图为某货检站检查时发现的装载车辆，指出该车存在的问题。

15. 下图为图们站发往雁翅站的装载大豆的车辆，车号为 C4532111，车内货物外露。

　　　问：(1) 该车装载有何问题？
　　　　　(2) 货检发现后如何处理？

16. 加固材料有哪几种，加固方法又有哪几种？

17. 试分析一个合理的装载加固方案应符合的基本要求。

计划与决策：任务实施方案制定阶段	查阅资料获取信息	1. 参考"铁路货运组织"精品课网站相关内容。 2. 参考"中国铁路客户服务中心—货运电子商务"各铁路局（公司）平台（http://hyfw.95306.cn/Hywsyyt/home 相关内容）。 3. 参考学习《铁路普通货物运输》（冯双，谢淑润. 中国铁道出版社，2012 年 8 月）的相关内容。
	教师指导任务要点	1. 通过引导文学习本任务应掌握的知识要点。 2. 指导学生学习货车篷布苫盖的技术要求。 3. 指导学生学习货运检查工作的要求及程序。 4. 指导学生完成对苫盖篷布货车货检工作的实训。
	任务实施方案制定	

任务实施	时间：		地点：
	实施要点：		
	实施过程记录另附。		

评价	根据个人工作页的完成质量，结合小组代表的成果展示，完成本次工作任务的检查与评价。 自评分数： 组内互评：

评价人	组员一	组员二	组员三	组员四	组员五	组员六	组员七	组员八	总评
得分									

小组互评：

组名	第一组	第二组	第三组	第四组	第五组	第六组	第七组
得分							
组名	第八组	第九组	第十组	第十一组	第十二组	第十三组	第十四组
得分							

个人总评：

项目四　集装箱货物运输组织

任务一　办理通用集装箱运输

学生工作页（4-1）

班级：	学号：	姓名：	小组：
学习性工作任务	4.1　办理通用集装箱运输		
实践性工作任务	组织学生进行通用集装箱运输组织的实训		参考学时：3

【知识技能要求】
1. 了解集装箱办理站的要求。
2. 熟悉集装箱运输组织的要求。
3. 掌握集装箱的定义及技术参数。
4. 掌握集装箱运输设备的使用要求。
5. 根据所学知识，绘制通用集装箱运输组织流程图。

资讯：任务准备阶段	【引导文】 1. 集装箱的定义是什么？ 2. 集装箱的类型主要有哪些？

资讯：任务准备阶段	3. 集装箱的主要术语有哪些？代表的含义分别是什么？ 4. 集装箱箱体标记主要有哪些？分别代表什么含义？ 5. 开办集装箱办理站需要满足哪些条件？ 6. 集装箱办理站需要配置哪些设施？

	7. 集装箱装卸、搬运机械主要有哪些？
资讯：任务准备阶段	8. 装运集装箱可以采用哪些车型？
	9. 集装箱运输组织的作业程序是什么？

资讯：任务准备阶段	10. 铁路集装箱如何进行需求受理？
	11. 铁路集装箱如何进行调度工作？
	12. 双层集装箱的装载要求有哪些？

资讯：任务准备阶段	13. 铁路集装箱进出站应注意哪些问题？
	14. 办理集装箱门到门运输时应注意哪些问题？
	15. 哪些货物品类可以办理零散货集装箱运输？

16. 请画出集装箱货物作业程序图。

17. 集装箱货物运输的条件是什么?

18. 适合集装箱运输的货物有哪些?

19. 集装箱施封由谁负责？施封应注意哪些问题？

20. 某站使用 NX17 型平车装运 2 个 20 英尺重集装箱，请指出照片中的违章之处。

资讯：任务准备阶段

21. 9 月 11 日某站到检 33005 次列车，机车后 15 位车号为 5372210，由甲站发往乙站 40 英尺重集装箱。请问你发现了哪些问题？应如何处理？

22. 某站使用 NX17 型平车装运 2 个 20 英尺重集装箱，请问途中货检发现了什么问题。

计划与决策：任务实施方案制定阶段	查阅资料获取信息	1. 参考"铁路货运组织"精品课网站相关内容。 2. 参考"中国铁路客户服务中心—货运电子商务"各铁路局（公司）平台（http://hyfw.95306.cn/Hywsyyt/home 相关内容）。 3. 参考学习《铁路普通货物运输》（冯双，谢淑润. 中国铁道出版社，2012 年 8 月）的相关内容。
	教师指导任务要点	1. 通过引导文学习本任务应掌握的知识要点。 2. 应指导学生对知识点进行合理的梳理。 3. 指导学生正确完成通用集装箱运输组织流程图的绘制。
	任务实施方案制定	

任务实施	时间：		地点：
	实施要点：		
	实施过程记录另附。		

评价

根据个人工作页的完成质量，结合小组代表的成果展示，完成本次工作任务的检查与评价。

自评分数：

组内互评：

评价人	组员一	组员二	组员三	组员四	组员五	组员六	组员七	组员八	总评
得分									

小组互评：

组名	第一组	第二组	第三组	第四组	第五组	第六组	第七组
得分							
组名	第八组	第九组	第十组	第十一组	第十二组	第十三组	第十四组
得分							

个人总评：

任务二　办理专用集装箱运输

学生工作页（4-2）

班级：	学号：	姓名：	小组：

学习性工作任务	4.2　办理专用集装箱运输	
实践性工作任务	进行办理专用集装箱运输组织的实训	参考学时：2

【知识技能要求】
1. 熟悉专用集装箱的定义。
2. 掌握专用集装箱的分类和用途。
3. 掌握专用集装箱的运输方案。
4. 完成办理专用集装箱运输组织的实训。

资讯：任务准备阶段	【引导文】 1. 请阐述专用集装箱的定义及技术参数？ 2. 专用集装箱主要有哪些种类？用途分别是什么？

资讯：任务准备阶段	3. 铁路集装箱专用车的特点？
	4. 铁路集装箱专用车的分类？
	5. 设计专用集装箱运输方案时应注意哪些问题？

6. 管理折叠式台架集装箱应注意哪些问题?

7. 设计双层汽车集装箱运输方案时应注意哪些问题?

8. 集装箱的发送作业内容和质量要求分别是什么?

资讯：任务准备阶段	9. 集装箱的到达作业内容和要求分别是什么？ 10. 集装箱日常管理的主要作业内容和质量要求分别是什么？ 11. 国际集装箱班列的办理流程是什么？

12. 办理自备箱运输应注意哪些问题？

13. 集装箱交接的地点和方法分别是什么？

14. 6月1日，A站承运到B站20英尺集装箱一组。品名：大米。箱号：TBJU5183467、TBJU5113203。票号：02113。票据记载840件，货物质量42 t，保价10万元。6月21日装车，途中在C站积压11天（该批货物运到期限为18天），于7月20日到达B站，站车交接检查未发现异常，箱体及封印完好。交付时发现324件大米发生霉变，货物损失3.85万元。

　　请问承运人是否有责任？请说明依据。

15. 甲站承运到丙站一批货物，2 个 20 英尺集装箱，收货人为张×，途径乙站。请回答以下问题：
(1) 托运人由于特殊原因，要求甲站将该批货物变更到乙站，该批货物此时仍在甲站。问甲站是否可以办理变更？应该怎样办理？为什么？
(2) 托运人要求乙站将该批货物中的 1 个 20 英尺集装箱变更到丁站，请问乙站应该怎么办理？为什么？
(3) 托运人要求丙站将该批货物的收货人变更为李×，请问丙站应该怎样办理？

资讯：任务准备阶段

计划与决策：任务实施方案制定阶段	查阅资料获取信息	1. 参考"铁路货运组织"精品课网站相关内容。 2. 参考"中国铁路客户服务中心—货运电子商务"各铁路局（公司）平台（http://hyfw.95306.cn/Hywsyyt/home 相关内容）。 3. 参考学习《铁路普通货物运输》（冯双，谢淑润. 中国铁道出版社，2012 年 8 月）的相关内容。
	教师指导任务要点	1. 通过引导文学习本任务应掌握的知识要点。 2. 指导学生学习专业集装箱的相关内容。 3. 指导学生完成办理专用集装箱运输组织的实训任务。
	任务实施方案制定	

任务实施	时间：			地点：			
	实施要点：						
	实施过程记录另附。						

评价	根据个人工作页的完成质量，结合小组代表的成果展示，完成本次工作任务的检查与评价。 自评分数： 组内互评：

评价人	组员一	组员二	组员三	组员四	组员五	组员六	组员七	组员八	总评
得分									

小组互评：

组名	第一组	第二组	第三组	第四组	第五组	第六组	第七组
得分							
组名	第八组	第九组	第十组	第十一组	第十二组	第十三组	第十四组
得分							

个人总评：

参考文献

[1]　冯双，谢淑润. 铁路普通货物运输[M]. 北京：中国铁道出版社，2012.

[2]　戴实. 铁路货运组织[M]. 2 版. 北京：中国铁道出版社，2008.

[3]　吴强. 铁路集装箱运输[M]. 北京：中国铁道出版社，2011.

[4]　王慧. 铁路普通货物运输[M]. 成都：西南交通大学出版社，2015.

[5]　夏栋. 铁路一般条件货运组织[M]. 北京：中国财富出版社，2012.

[6]　陈清. 铁路特殊条件货物运输[M]. 北京：中国铁道出版社，2015.